8. aoust 1636.

SECOND RECVEIL
ET SVITTE DES
ORDONNANCES
DV ROY, POVR LA LE-
uée & payement des Gens de guerre,
Recepte de deniers, Reparations, Viures, & autre police,

*Publiées à Paris, depuis le quatriéme Aoust
de la presente année 1636.*

A PARIS,
Par A. ESTIENE, P. METTAYER, C. PREVOST
& P. ROCOLET Impr. ordinaires du Roy.
*Ruë sainct Iacques au College Royal, & au Palais place du
Change, à l'Oliuier de Robert Estiene.*

M. DC. XXXVI.
Auec Priuilege de sa Majesté.

(58) (6)

TABLE DE CE QVI EST CON-
tenu en ce second Recueil.

DEfenses d'arrester les cheuaux des Bouchers de la Ville de Paris, & ceux des Laboureurs & autres qui y amenent des bestiaux.

Maistres Boulangers & autres, pourront tenir autant d'apprentifs ou seruiteurs qu'ils voudront.

Tous Compagnons Fripiers & autres se rendront dans les maisons des Maistres de leur meftier.

Tous Laboureurs & autres batront les grains & les ameneront à Paris.

Permission de faire & vendre de la poudre à canon en tous lieux de ce Royaume.

Exemption de Tailles aux Habitans des frontieres de Picardie, Champagne & Bourgogne.

Ordre pour l'armemẽt & seiour des Bateaux sur les riuieres d'Aisne & d'Oise.

Les Gentils-hommes & gens de guerre qui batent le paué dãs Paris, se rendront à l'armee.

Inionction tant pour faire cesser les Atteliers de France, que pour faire aller à la guerre, les Chamberlans & autres Compagnons.

Inionction aux Colonels & Capitaines de Paris, de fournir de chaque Compagnie, trente hommes.

ORDONNANCE, PORTANT DEfenses d'arrester les cheuaux des Bouchers de la ville de Paris, & ceux des Laboureurs & autres qui y ameinent des Bestiaux.

DE PAR LE ROY.

SA Majesté voulant empescher que l'on n'arreste les cheuaux des Bouchers de sa Ville de Paris qui y ameinent leurs marchandises, & aussi ceux des Laboureurs & autres, qui ameinent des bestiaux pour la prouision de la Ville ; Defend tres-expressément à ceux qui ont eu ordre d'arrester les cheuaux des Laboureurs & autres d'alentour de ladite Ville, de prendre ceux seruant à ce que dessus est dit : dautant que cela seroit de trop grand preiudice au bien de son seruice & commodité du public. Mande & ordonne sadite Majesté au Preuost de Paris ou son Lieutenant de faire publier & afficher la presente Ordonnance és lieux & ainsi qu'il est accoustumé, afin que personne n'en pretende cause d'ignorance. F A I T à Paris le huictiéme iour d'Aoust mil six cens trentesix. Signé, LOVIS, Et plus bas, DE LOMENIE.

Le neufiéme iour d'Aoust audit an, l'Ordonnance de sa Majesté a esté par moy Simon le Duc Iuré Crieur & ordinaire du Roy, sous-signé, leuë & publiée à son de trompe & cry public és Carrefours ordinaires & extrordinaires de cette Ville de Paris, & lieux accoustumez, à ce que du contenu nul n'en pretende

cause d'ignorance. Et à ce faire estoit accompagné de Mathu-
rin Noiret Iuré Trompette, & de deux autres Trompettes.

Signé, **LE DVC.**

Ordonnance, portant que les Maistres Boullan-
gers & autres, pourront tenir autant d'ap-
prentifs, compagnons & seruiteurs qu'ils au-
ront besoin.

DE PAR LE ROY.

Monsieur le Preuost de Paris, ou son Lieutenant Ciuil.

L eft permis, oüy fur ce le Procureur du
Roy, aux Maistres Boullangers de pe-
tit & gros pain, Scelliers, Lormiers, Ef-
peronniers, Armuriers, Ceinturiers,
Fourbisseurs, & Arquebusiers de ceste Ville &
Faux-bourgs de Paris, de pouuoir retenir en leurs
maisons & boutiques, & se seruir de tel nombre de
Compagnons, apprentifs & seruiteurs qu'ils auront
besoin, pour trauailler à ce qui est de leur vacation,
à ce qu'ils n'en pretendét cause d'ignoráce : Et sera la
presente Ordonnance leuë & publiée à son de trompe & cry public, par les Carrefours de ceste ville
& Faux-bougs de Paris, icelle imprimée & affichée
esdits lieux. FAIT & ordonné par Monsieur le

Lieutenant Ciuil, le neufiéme iour d'Aouſt, mil
ſix cens trente-ſix.

Signé,   MOREAV.

Le dixiéme iour d'Aouſt audit an, l'Ordonnance de ſa Ma-
ieſté a eſté par moy Simon le Duc, Iuré Crieur & ordinaire du
Roy, ſouſ-ſigné, leuë & publiée à ſon de trompe & cry public és
Carrefours ordinaires & extrordinaires de cette Ville de Paris,
Preuoſté & Vicomté d'icelle, & lieux accouſtumez, à ce que du
contenu icel n'en pretende cauſe d'ignorance. Et à ce faire eſtois
accompagné de Mathurin Noiret, Iuré Trompette, & de deux
autres Trompettes.

Signé,   LE DVC.

Ordonnance, portant inionction à tous Compa-
gnons Frippiers, & autres de quelque meſtier
que ce ſoit trauaillant en chambre, de ſe reti-
rer dans les maiſons des Maiſtres de leur me-
ſtier.

DE PAR LE ROY.

Monſieur le Preuoſt de Paris, ou ſon Lieutenant Ciuil.

L eſt enjoint à tous Compagnons Frippiers, Tailleurs d'habits, Pourpointiers,
Cordonniers, Sauatiers, & autres de
quelque meſtier que ce ſoit, de cette Ville & Faux-bourgs de Paris, qui trauaillent en cham-

A iij

bre pour les maiſtres de leur vacation, ou pour les
Bourgeois, de ſe retirer dans huy en la maiſon des
Maiſtres de leur meſtier, pour y renir lien de ſerui-
teur, qu'il eſt permis à chacun artiſan d'auoir en ſa
boutique, par l'Ordonnance de ſa Maieſté du hui-
tiéme du preſent mois, ſinon de s'enrooller dans ledit temps deuant l'Hoſtel de Ville, pour ſeruir le
Roy dans ſes armées ſous la conduitte du ſieur Ma-
reſchal de la Force, à peine d'eſtre enuoyez preſentement aux galleres, ſans autre forme ne figure de
procez ; Et à ce qu'ils n'en pretendent cauſe d'ignorance, ſera la preſente Ordonnance leuë & publiée
à ſon de Trompe & cry public par les Carrefours de
cette Ville & Faux-bourgs de Paris, icelle imprimée
& affichée eſdits lieux. FAIT & ordonné par
Monſieur le Lieutenant Ciuil, le neufiéme iour
d'Aouſt mil ſix cens trente-ſix.

Signé,   MOREAV.

Le dixiéme iour d'Aouſt audit an, l'Ordonnance de ſa Ma-
ieſté a eſté par moy Simon le Duc, Iuré Crieur & ordinaire du
Roy, ſous-ſigné, leuë & publiée à ſon de Trompe & cry public
és Carrefours ordinaires & extrordinaires de cette Ville de Paris,
Preuoſté & Vicomté d'icelle, & lieux accouſtumez, à ce que du
contenu nul n'en pretende cauſe d'ignorance. Et à ce faire eſtois
accompagné de Mathurin Noiret, Iuré Trompette, & de deux
autres Trompettes.

Signé,   LE DVC.

ORDONNANCE DV ROY, PORtant injonction à tous Laboureurs & autres, de batre les Grains, & les amener à Paris, pour estre mis aux Greniers qui leur seront gratuitement prestez, pour les garentir des mains des ennemis, & en estre par eux disposé à leur volonté.

IL est enjoint à tous Laboureurs & autres personnes qui ont recueilly des Grains la presente année, de les faire batre & amener en toute diligence dans ceste Ville de Paris, pour estre mis dans des Greniers qui leur seront gratuitement prestez pour les garentir des mains des ennemis, & en disposer par eux ainsi qu'ils verront bon estre: Et sera la presente Ordonnance leuë & publiée à son de trompe & cry public, en tous lieux où besoin sera de la Preuosté & Vicomté de Paris. Et à ceste fin sa Majesté mande & ordonne au Preuost de Paris, ou son Lieutenant ciuil, de faire icelle executer le plus promptement que faire se pourra. FAIT à Paris le dixiéme iour d'Aoust mil six cens trente-six. Signé, LOVIS: Et plus bas, DE LOMENIE.

Le douziéme iour d'Aoust audit an, l'Ordonnance de sa Majesté a esté par moy Simon le Duc, Iuré Crieur & ordinaire du Roy souzsigné, leuë & publiée à son de trompe & cry public és Carrefours ordinaires & extrordinaires de ceste ville de Paris, Preuosté & Vicomté d'icelle, & lieux accoustumez, à ce que du contenu nul n'en pretende cause d'ignorance. Et à ce faire estois accompagné de Mathurin Noiret, Iuré Trompette, & de deux autres Trompettes.

Signé, LE DVC.

*Ordonnance du Roy, pour la confection & vente
de la poudre à canon en tous lieux de ce Royaume.*

LE Roy estant informé du besoin qu'il a de poudres à canon en plusieurs villes & places de
son Estat, & voulant y pouruoir, Sa Majesté a permis & permet à tous Marchands Pou-
driers, Salpestriers & ouuriers qui sçauent trauailler à la confection de la poudre à canon, d'en
faire incessamment la plus grande quantité qui
leur sera possible, restablir pour cet effect leurs
moulins & engins necessaires : icelle vendre & debi-
ter librement à toutes personnes & en tous lieux
du Royaume, ainsi qu'ils ont fait auparauant les defenses de trauailler aux salpestres & poudres, lesquelles sa Majesté a reuoquées & annullées par la
presente. Et ne veut qu'ores ny à l'aduenir, qu'on y
ayt aucun égard, ny que l'on puisse cy-apres empescher la continuation de la confection desdites poudres, ny oster ou rompre les moulins & engins aux
proprietaires d'iceux pour quelque cause & occa-
sion que ce puisse estre ; sans que pour asseurance de
ce, ny pour deroger ausdites defenses, il soit besoin
d'autre expedition plus expresse que de la presente :
laquelle sera publiée & affichée en toutes Villes &
lieux du Royaume, & aux copies d'icelles, deuëment
collationnées, foy adioustée comme au present ori-
ginal. FAIT à Paris l'vnziéme iour d'Aoust l'an
1636. Signé, LOVIS : Et plus bas, SVBLET. Et
seellé.

DECLARATION

DECLARATION DV ROY, POR-
tant exemption de Tailles pendant trois an-
nées, à tous les Habitans des frontieres de Pi-
cardie, Chãpagne & Bourgogne, qui seront em-
ployez dans ses armées ou ailleurs à son seruice.

LOVIS par la grace de Dieu Roy de France & de Nauarre, A tous ceux qui ces presentes lettres verront, Salut. LES courses de
nos ennemis sur les frontieres de nos Prouinces de
Picardie, Champagne & Bourgogne, & leur entrée
auec leurs principales forces dans la Picardie, ayant
contraint vne grande partie des habitans desdites
frontieres, d'abandõner les lieux de leur habitation,
qui ont mesme esté bruslez pour la pluspart, par la
plus cruelle & barbare façon de faire la guerre, qui
ayt iamais esté pratiquée, en sorte qu'ils sont à present vagabons par la campagne. Et considerans que
dans les occasions presentes, ils nous pourront seruir vtilement dans nos armées, estans en bon nombre, & pour la pluspart, gés aguerris & armez: Nous
auons resolu de receuoir dãs nos troupes, tous ceux
de nosdites frontieres qui se presenteront : Et pour
les y obliger d'autant plus & leur donner moyen de
se releuer des ruines qu'ils ont souffertes, leur ac-
corder vn considerable soulagement : Sçauoir fai-
sons, Que nous pour ces causes & autres à ce nous
mouuans, Apres auoir fait mettre cet affaire en deli-
beration en nostre Conseil, où estoient aucuns Prin-
ces & Officiers de nostre Couronne, & autres grãds
& notables personnages de nostredit Conseil: D *

l'Aduis d'iceluy, & de noſtre certaine ſcience, plaine
puiſſance & authorité Royale, Novs auons dit, de-
claré & ordonné, diſons, declarons & ordonnons
par ces preſentes ſignées de noſtre main, voulons &
nous plaiſt, Que tous nos ſubjets deſdites frontieres
de Picardie, Chãpagne & Bourgogne qui prendront
les armes dans les occaſions preſentes, & ſeront em-
ployez dans nos armées ou ailleurs pour noſtre ſer-
uice, ſoient tenus exempts & déchargez, comme
nous les déchargeons & exẽptons de toutes Tailles
pendant trois années conſecutiues, à commencer en
la preſente : & ce, en rapportant par chacon d'eux
des certificats en bonne forme des Chefs ſous leſ-
quels ils auront ſeruy, enſemble de nos Lieutenans
generaux en nos armées, ou de nos Mareſchaux de
Camp, cachetez du cachet de leurs armes & viſez
par les Intendans de noſdites armées où il y en aura;
Portans comme ils y auront ſeruy aſſiduément: Leſ-
quels certificats leur ſerõt dõnez gratuitemẽt, A pei-
nẽ de concuſſiõ à tous Secretaires & autres qui pour
ce prendront de l'argent. Defendons tres-expreſſément aux Eleus, Aſſeeurs & Collecteurs des Tailles,
de comprendre és departemens, roolles & aſſietes
d'icelles, tous ceux qui rapporteront des certificats
en la forme ſuſdite : & à tous Sergens d'executer aucune contrainte contre leurs perſonnes ny biens
pour raiſon du payement de noſdites Tailles, pendant ledit temps, à peine auſdits Sergens de priuation de leurs charges.

Si donnons en mandement à nos amez &
feaux les Gens tenans nos Cours des Aydes à Paris
& Dijon, Preſidens & Treſoriers generaux de France au Bureau de nos Finãces des Generalitez de noſ-

dites Prouinces, Que ces presentes ils facent lire, publier & enregistrer, & le contenu en icelles chacun endroit soy comme il appartiendra, garder & obseruer & entretenir selon leur forme & teneur, sans y contreuenir, ny permettre qu'il y soit contreuenu en aucune maniere: Car tel est nostre plaisir. En témoin dequoy nous auons fait mettre nostre seel à cesdites presentes. Donné à Paris l'vnziémé iour du mois d'Aoust, l'an de grace mil six cens trente-six, & de nostre regne le vingt septiéme. Signé, LOVIS. Par le Roy, SVBLET: Et seellé du grand seau de cire jaune sur simple queuë.

Ordonnance du Roy, pour l'armement & seiour des bateaux sur les riuieres d'Aisne & d'Oise.

SA Maiesté voulant preuenir tous les inconueniens qui pourroient arriuer à ses subiets & empescher que les ennemis ne tirent auantage de leurs bateaux, grains, viures & autres commoditez, A fait tres-expresses inhibitions & defenses à tous marchands, voituriers par eau & bateliers des riuieres d'Aisne & d'Oise, de conduire aucuns bateaux chargez de quelque marchandise & denrée que ce puisse estre, qu'en mettant sur iceux bon nombre d'hommes armez pour les defendre contre les voleurs & coureurs des ennemis. Defend en outre sadite Maiesté ausdits bateliers d'arrester leurs batteaux vuidez ou chargez, ailleurs qu'aux portes des villes de ladite riuiere où il se fait garde, à peine de confiscation desdits bateaux & marchandises. FAIT à Paris le douziéme Aoust mil six cens trente-six. Signé, LOVIS: Et plus bas, SVBLET.

Ordonnance du Roy, contre les Gentils-hommes & gens de guerre qui battent le pavé dans Paris.

SA Maiesté voyant qu'au preiudice de ses prece-dentes Ordonnances, par lesquelles elle a fait commandement à tous Chefs & Officiers de se ren-dre en leurs charges, plusieurs sont encor dans ceste Ville de Paris: Sadite Maiesté ordonne & enjoint tres-expressément à tous Maistres de Camp, Colo-nels, Capitaines, Chefs & Officiers tant de Caüale-rie que d'Infanterie, Gentils hommes & autres fai-sans profession des armes, & à tous gens de guerre qui ont charge, ou se sont enrollez dans les troupes de ses armées commandées par Monsieur le Comte de Soissons & par le Sieur Mareschal de la Force, de se rendre esdites armées dans vingt quatre heures apres la publication de la presente: Sur peine aux Chefs & Officiers, de priuation de leurs charges: à tous Gentils hommes de degradation de leur no-blesse, de saisie & vente de leurs biens, pour employer à la solde desdites armées, & à tous soldats qui serôt enrollez, de la vie. Voulant sa Maiesté, qu'iceluy têps passé, tous ceux de la qualité susdite qui se trouue-ront en la presente Ville sans charge expresse, com-mandement ou congé par écrit de sa Maiesté, soient arrestez & mis prisonniers, & qu'il soit procedé cô-tr'eux selon la rigueur portée par la presente: la-quelle sera publiée & affichée en tous les carrefours & lieux accoustumez de ladite Ville à ce qu'aucû n'en pretende cause d'ignorance. FAIT à Paris le 15. iour

d'Aouſt mil ſix cens trente-ſix, Signé, L O V I S: Et
plus bas, S V B L E T.

Le dix-ſeptiéme iour deſdits mois & an, l'Ordonnance deſus eſ-
crite, a eſté par moy Simon le Duc, Iuré Crieur & ordinaire du Roy
ſous ſigné, leuë, publiée à ſon de trompe & cry public par la Ville &
Faux-bourgs de Paris, imprimée & affichée, & eſtois accompagné de
trois Trompettes,   Signé   L E   D V C.

Ordonnance du Roy, pour faire ceſſer tous les At-
teliers de France, & enuoyer à la guerre tous les
Chamberlans de meſtiers, Compagnons & ap-
prentifs capables de porter les armes, à la re-
ſerue d'vn en chaque boutique.

SA Maieſté iugeant qu'il n'y a rien de plus neceſ-
ſaire preſentement pour le bien du general &
des particuliers de ſon Royaume, que d'aſſem-
bler de grandes forces pour repouſſer les ennemis
de ſon Eſtat, qui ſont venus l'attaquer auec toute
leur puiſſance, & que chacun doit quitter de bon
cœur toute autre occupation pour prendre les armes en vne occaſion ſi vrgente : Sadite Maieſté enioint tres-expreſſément à tous Baillifs, Seneſchaux,
leurs Lieutenans, & tous autres Officiers de iuſtice
& police des villes & bourgs de ſon Royaume, Mai-
res, Eſcheuins, Conſuls, Iurats d'icelles villes &
bourgs, enſemble à tous Officiers & habitans des
villages, de ceſſer & faire ceſſer en tous lieux, ſoit
dans les villes ou à la campagne, tous Atteliers de
Maçons, Charpétiers, Couureurs & autres ouuriers
quelconques, tant pour les ouurages publics, que
particuliers : & ce, pendant trois mois conſecutifs.
Defend ſadite Maieſté en toutes les villes, bourgs &

villages de son Royaume , ainsi qu'elle a fait en sa
bonne Ville de Paris , à tous Marchands, artisans &
gens de mestier trauaillás en boutique ou en chambre , à peine de confiscation de leurs marchandises
& ouurages , de tenir chacun plus d'vn compagnon
ou apprentif : leur enioignant tres-expressément
de faire vuider tous les autres de leurs maisons,
chãbres & boutiques, pour aller à la guerre, & s'en-
roller au seruice de sa Maiesté dans ses armées , où
ils receuront la solde ordinaire & le pain de muni-
tion , ainsi que les autres troupes de sa Maiesté : La-
quelle mande ausdits Baillifs & Seneschaux, ou leurs
Lieutenans, & tous Officiers de iustice & police, de
tenir la main à la publication & execution de la presente. Fait à Paris le 15. Aoust mil six cens trente six.
Signé, L O V I S: Et plus bas , S V B L E T.

---

*Ordonnance du Roy, portant injonction aux Colo-
nels & Capitaines de sa bonne Ville de Paris,
de fournir à sa Majesté trente hommes de chacune de leurs Compagnies, sans qu'ils donnent
aucune solde, ains seulement l'espée & le baudrier. Auec iteratif commandement à tous artisans de mettre sans aucun delay, hors de leurs
boutiques, tous leurs Compagnons & apprentifs à la reserue d'vn seul : Comme aussi de trauailler en aucun Attelier de Maçons, Charpentiers, Conureurs & tous autres.*

DE PAR LE ROY.

SA Maiesté considerant, qu'encores que les diuers
ordres qu'elle a donnez par l'aduis des Officiers

de sa bône Ville de Paris, pour faire vne prompte le-
uée de gens de guerre dans les occasions presentes,
luy ayent desia donné moyen d'en assembler bon
nombre; neantmoins ils n'ont pas produit iusques à
present le fruict que chacun s'en estoit promis: Sadite Maiesté apres auoir entendu les mesmes Officiers
de sadite ville, a estimé qu'il n'y a point de meilleu-
re voye pour receuoir vn puissant & present secours,
& dont sadite Ville fut moins incommodée, qu'en
ordonnant, comme elle fait par la presente signée de
sa main, aux Colonels & Capitaines des quartiers, de
luy faire fournir par les meilleures voyes qu'ils aui-
serôt, & en quelque maniere que ce puisse estre, sans
faute ny retardement, le nombre de trente hommes
par chacune compagnie, tant de ladite Ville que des
faux-bourgs d'icelle: En sorte qu'outre ce qui a desia
esté leué, sa Maiesté puisse par ce moyen estre promptement secouruë, du moins de quatre ou cinq mil-
le hommes de pied. Entendant pour cét effet, que
chacun desdits Colonels soit tenu d'enuoyer ledit
nombre de trente hommes pour Compagnie, auec
l'espée & le baudrier seulement, aux lieux qui ont
esté designez pour l'assemblée des Regimens qui se
léuent dans ladite Ville: sans qu'aucun se puisse exé-
pter d'aller seruir dans lesdits Regimens, sous pre-
texte d'estre enrollé dans celuy des Gardes de sa Maiesté, ou autre, si ce n'est qu'il en face apparoir par
certificat de son Capitaine. Declarant sa Maiesté,
qu'elle ne veut aucune solde pour l'entretenement
des hommes qui seront ainsi fournis, se contentant,
quant à ladite solde, de l'assistance qui luy a desia esté
volontairement donnée par sa bonne Ville de Paris:
& qu'elle n'entend en aucune façon, que les artisans

& gens de meſtier, qui gagnent leur vie à leur tra-
uail, ſoiét cõpris en ceſte obligatió: Auſquels neantmoins ſadite Maieſté enioint, de mettre incontinent
& ſans delay, hors de leurs boutiques, tous leurs cõ-
pagnons & apprentifs, à la reſerue d'vn ſeul, ſuiuant
le commandement qui leur en a cy-deuant eſté fait:
lequel elle veut eſtre ponctuellement obſerué : ainſi
que la defenſe de trauailler aux Atteliers deMaçons,
Charpentiers, Couureurs & tous autres, renouuelãt
entant que de beſoin, ladite defenſe. Et afin que ſa
Maieſté puiſſe eſtre informée de ce qui s'auancera
en execution de cét ordre, Elle mande & ordonne
aux Colonels &Capitaines des quartiers, de luy porter vn roolle au vray des noms de ceux qui auront
executé ou differé d'executer le contenu en la preſente : laquelle ſera publiée à ſon de trompe & cry
public, & affichée en tous les carrefours & lieux accouſtumez de ladite Ville, à ce qu'aucun n'en pretende cauſe d'ignorance. FAIT à Paris le quatorziéme
iour du mois d'Aouſt mil ſix cens trente ſix. Signé,
LOVIS: Et plus bas, DE LOMENIE.

*Le ſeiziéme iour d'Aouſt audit an, l'Ordonnance de ſa Maieſté a
eſté par moy Simon le Duc, Iuré Crieur & ordinaire du Roy, ſouſſi-
gné, leüe & publiée à ſon de trompe & cry public, ex Carrefours ordinaires & extrordinaires de ceſte Ville de Paris, Preuoſté & Vicomté
d'icelle & lieux accouſtumez, à ce que du contenu nul n'en pretende
cauſe d'ignorance. Et à ce faire eſtois accompagné de Mathurin Noi-
rel Iuré Trompette, & de deux autres Trompettes.*

Signé, LE DVC.

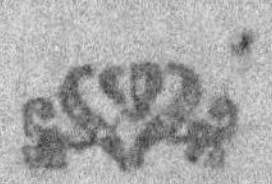